Conta de novo

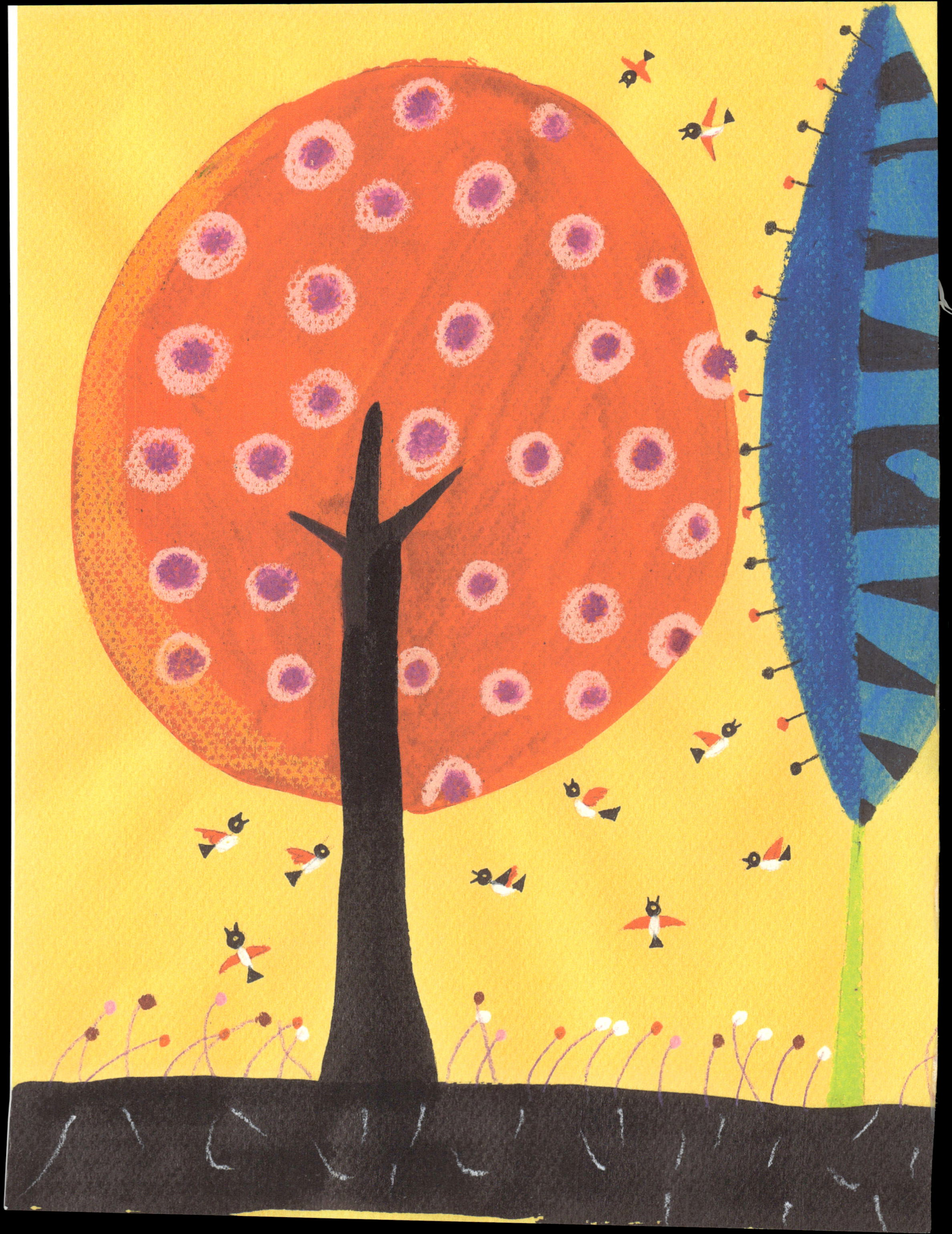

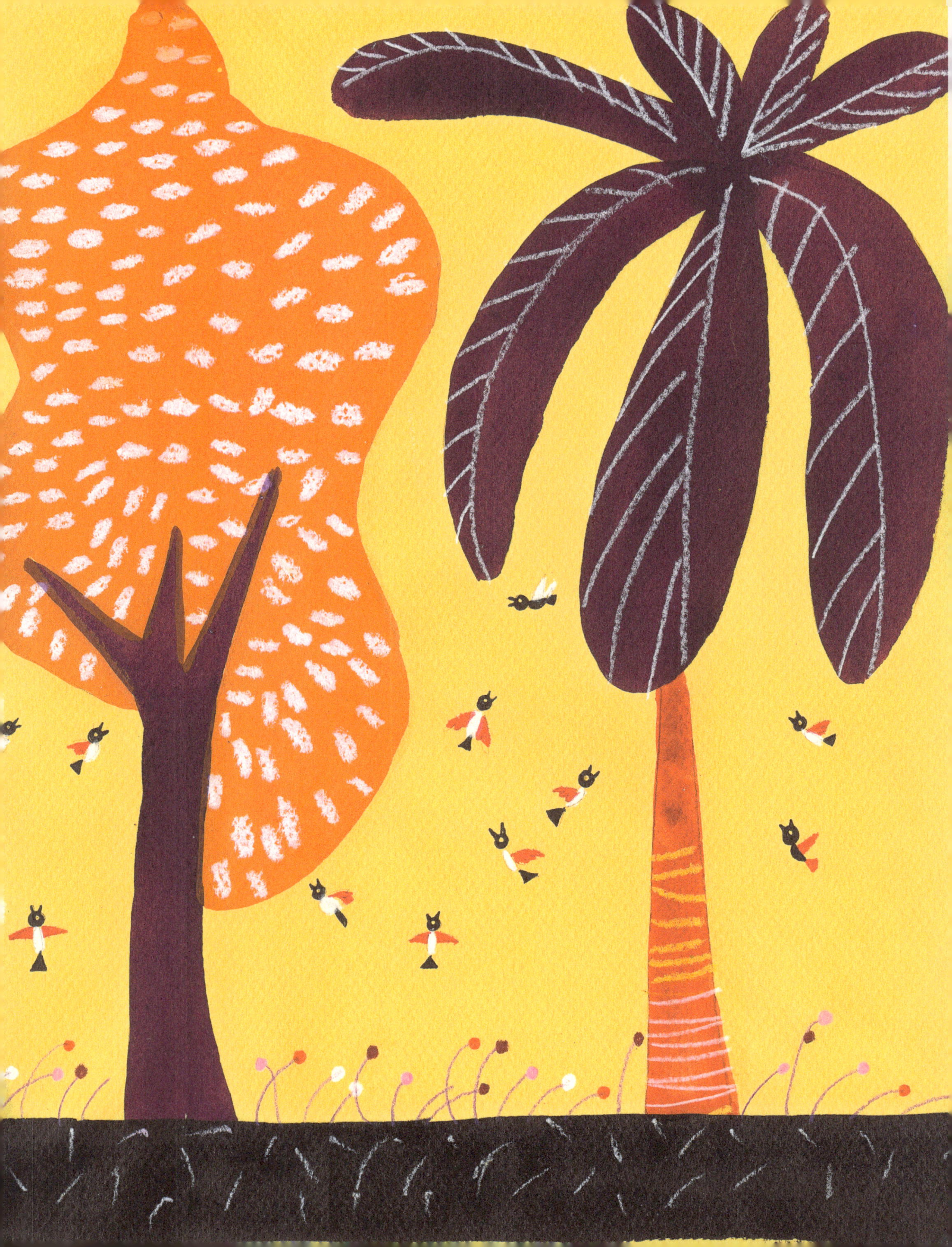

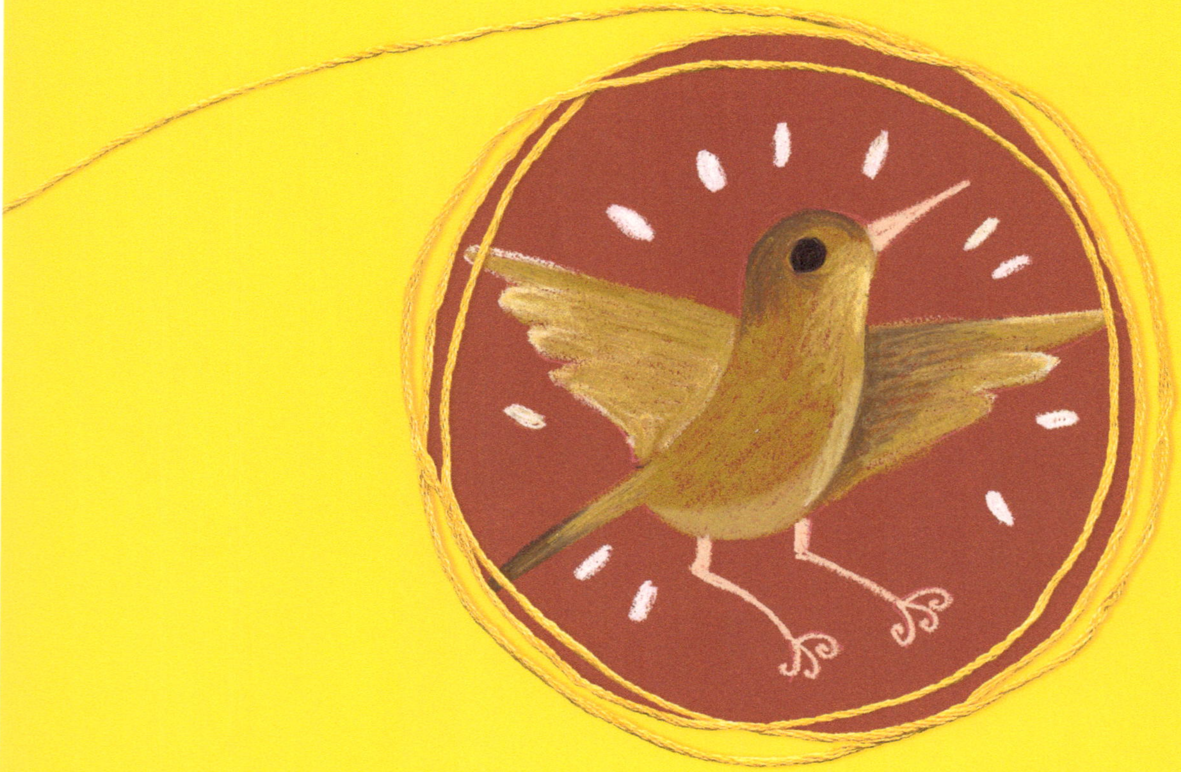

Ana Maria Machado

Ah, cambaxirra, se eu pudesse...

ilustrações ※ Graça Lima

São Paulo - 2003

FTD

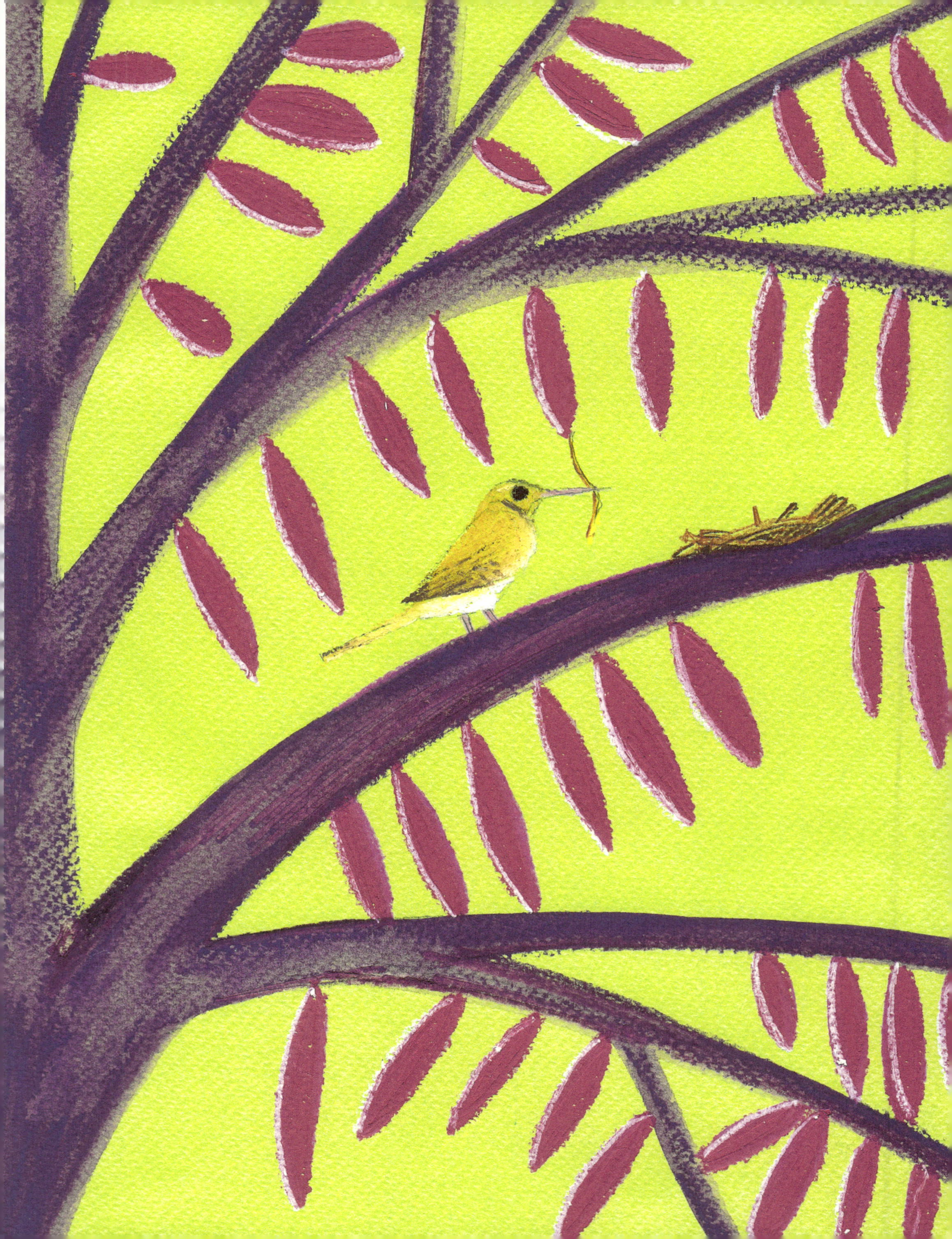

Era uma vez uma cambaxirra, toda saltitante e alegre que estava fazendo ninho na árvore de galho mais bonito da floresta.

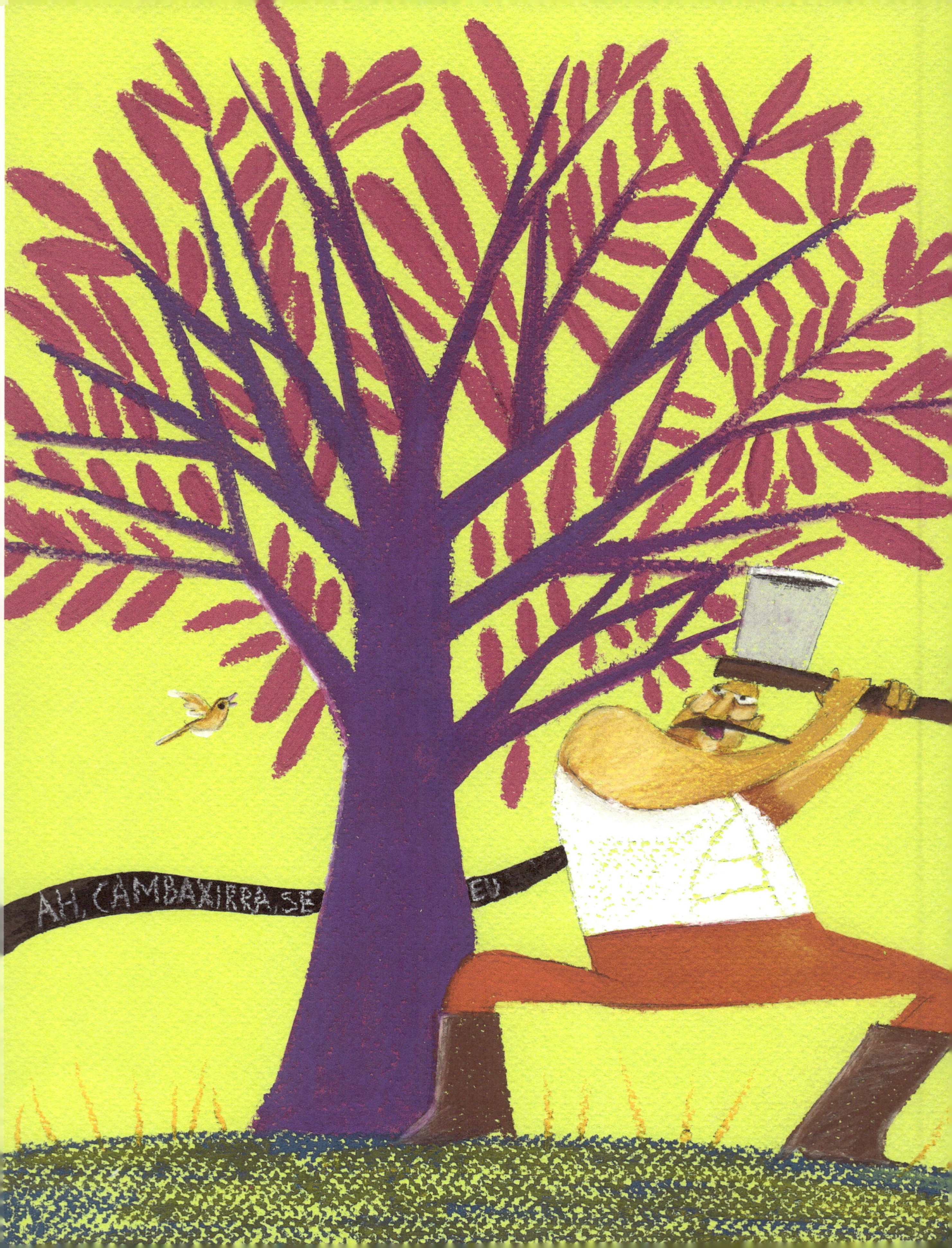
AH, CAMBAXIRRA, SE
EU

Um dia, viu um lenhador se preparando para derrubar a árvore. Começou a voar em volta e a cantar muito agitada. O lenhador perguntou:

– Cambaxirra, que foi que houve?

E ela disse:

– É que você vai derrubar a árvore de galho mais bonito onde estou fazendo meu ninho.
Não faz isso, por favor.

E o lenhador respondeu:

– Ah, cambaxirra, se eu pudesse...
Mas não é comigo. Estou só cumprindo ordens.

– De quem?

– Do capataz. E morro de medo dele.

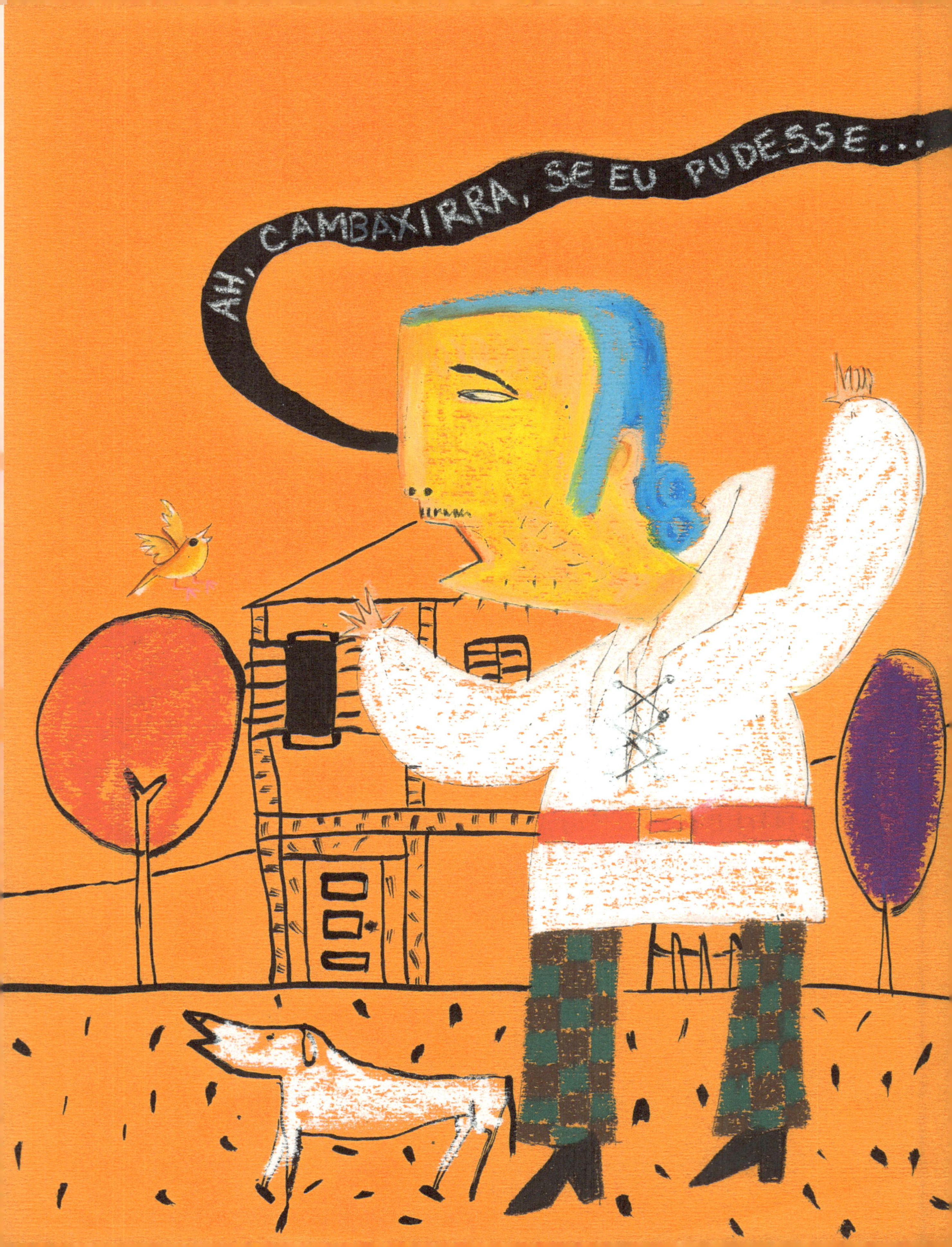
AH, CAMBAXIRRA, SE EU PUDESSE...

Então a cambaxirra voou até a casa do capataz e pediu:

– Capataz, por favor, não dê ordem ao lenhador
para derrubar a árvore de galho mais bonito
onde estou fazendo meu ninho.

E o capataz respondeu:

– Ah, cambaxirra, se eu pudesse...
Mas não é comigo. Estou só cumprindo ordens.

– De quem?

– Do barão, que é o dono da terra e quer muita lenha.
E morro de medo dele.

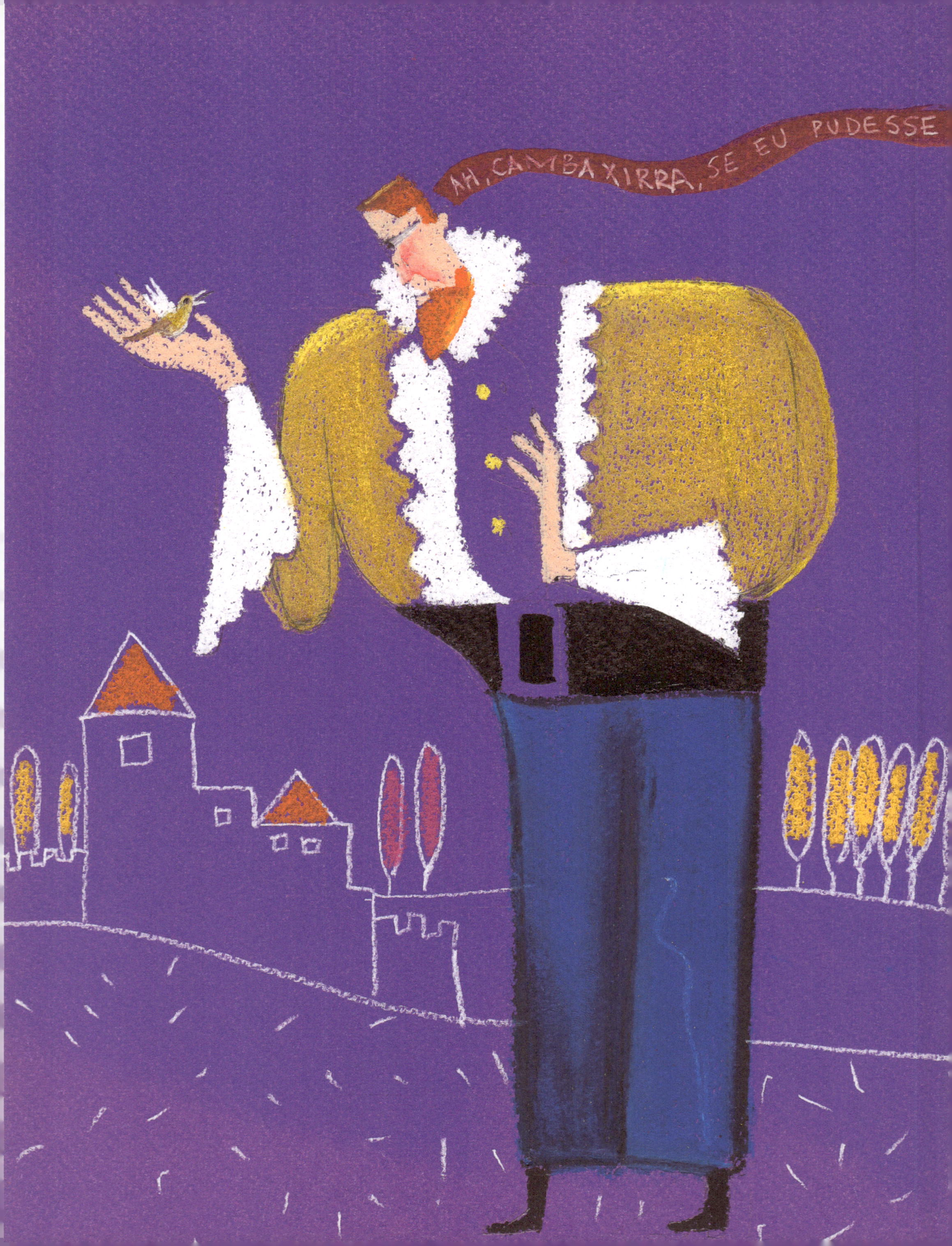
AH, CAMBAXIRRA, SE EU PUDESSE

Então a cambaxirra voou até o castelo do barão e pediu:

– Barão, por favor, não dê ordem ao capataz
para dar ordem ao lenhador
para derrubar a árvore de galho mais bonito
onde estou fazendo meu ninho.

E o barão respondeu:

– Ah, cambaxirra, se eu pudesse...
Mas não é comigo. Estou só cumprindo ordens.

– De quem?

– Do visconde, que é dono de mais terras e mesmo assim quer muita lenha. E morro de medo dele.

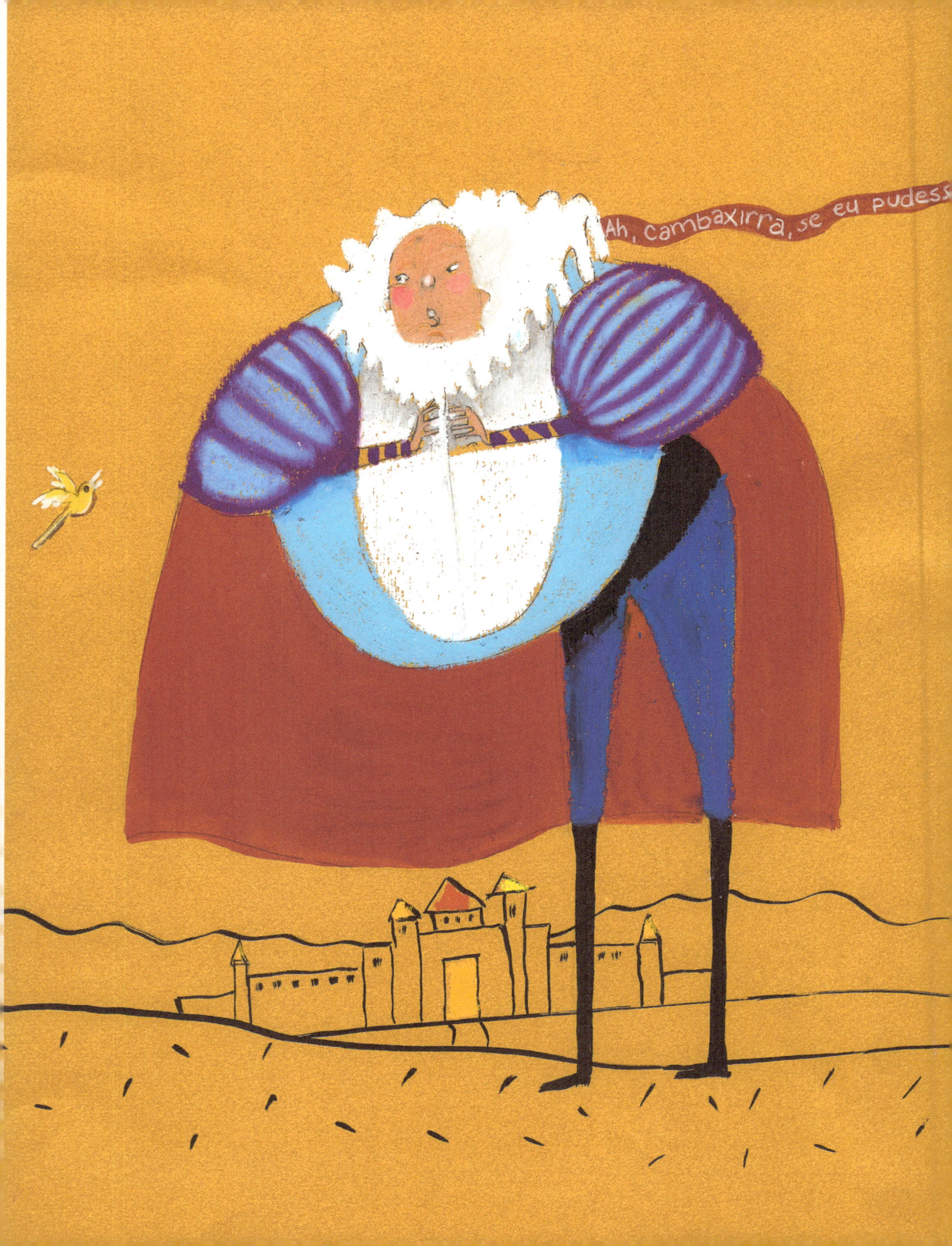
Ah, cambaxirra, se eu pudess

Então a cambaxirra voou até o castelo do visconde e pediu:

– Visconde, por favor, não dê ordem ao barão
para dar ordem ao capataz
para dar ordem ao lenhador
para derrubar a árvore de galho mais bonito
onde estou fazendo meu ninho.

E o visconde respondeu:

– Ah, cambaxirra, se eu pudesse...
Mas não é comigo. Estou só cumprindo ordens.

– De quem?

– Do conde, que é dono de mais terras e mesmo assim
quer muita lenha. E morro de medo dele.

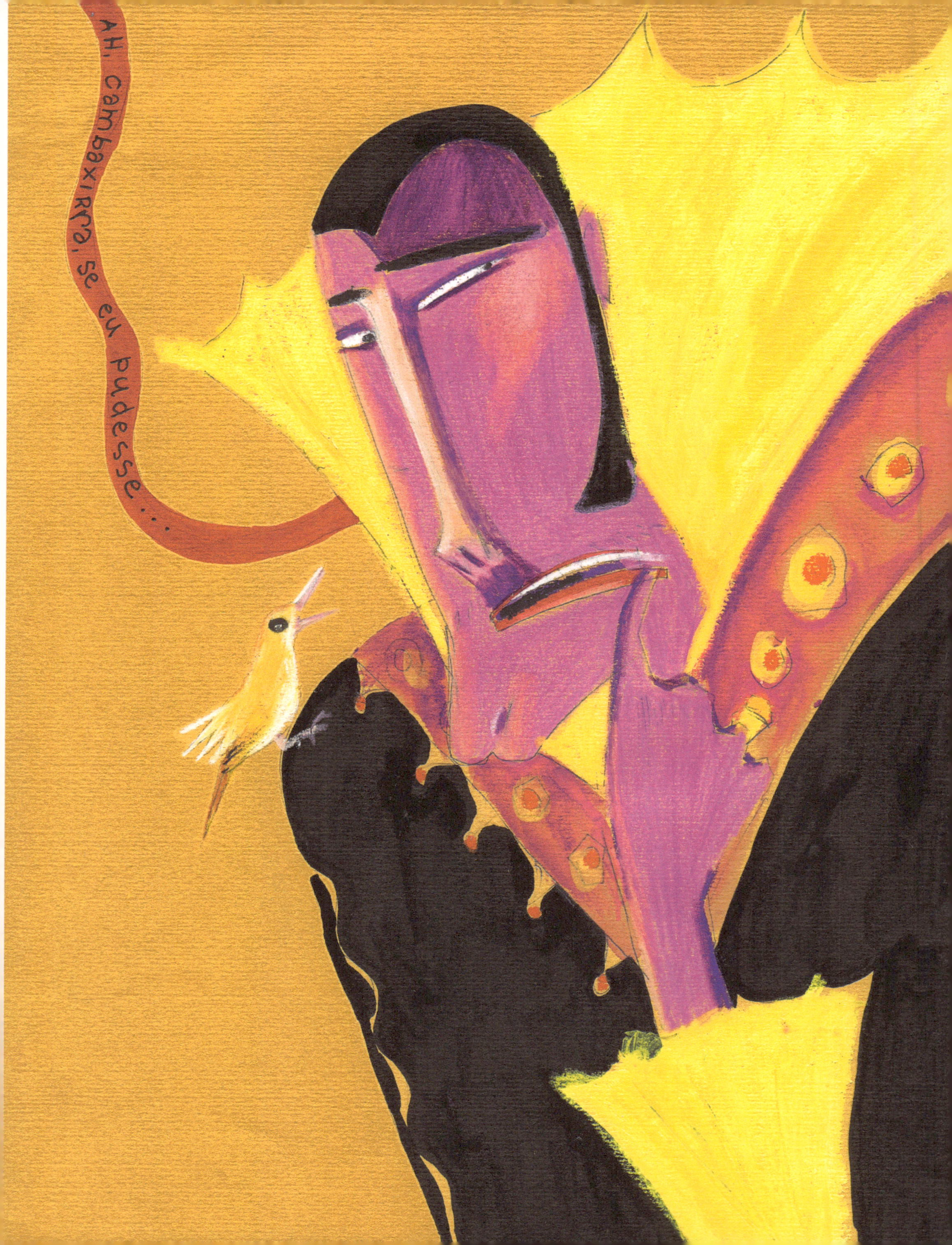
AH, cambaxirra, se eu pudesse...

Então a cambaxirra voou até o castelo do conde e pediu:

– Conde, por favor, não dê ordem ao visconde
para dar ordem ao barão
para dar ordem ao capataz
para dar ordem ao lenhador
para derrubar a árvore de galho mais bonito
onde estou fazendo meu ninho.

E o conde respondeu:

– Ah, cambaxirra, se eu pudesse...
Mas não é comigo. Estou só cumprindo ordens.

– De quem?

– Do marquês, que é dono de mais terras e mesmo assim quer muita lenha. E morro de medo dele.

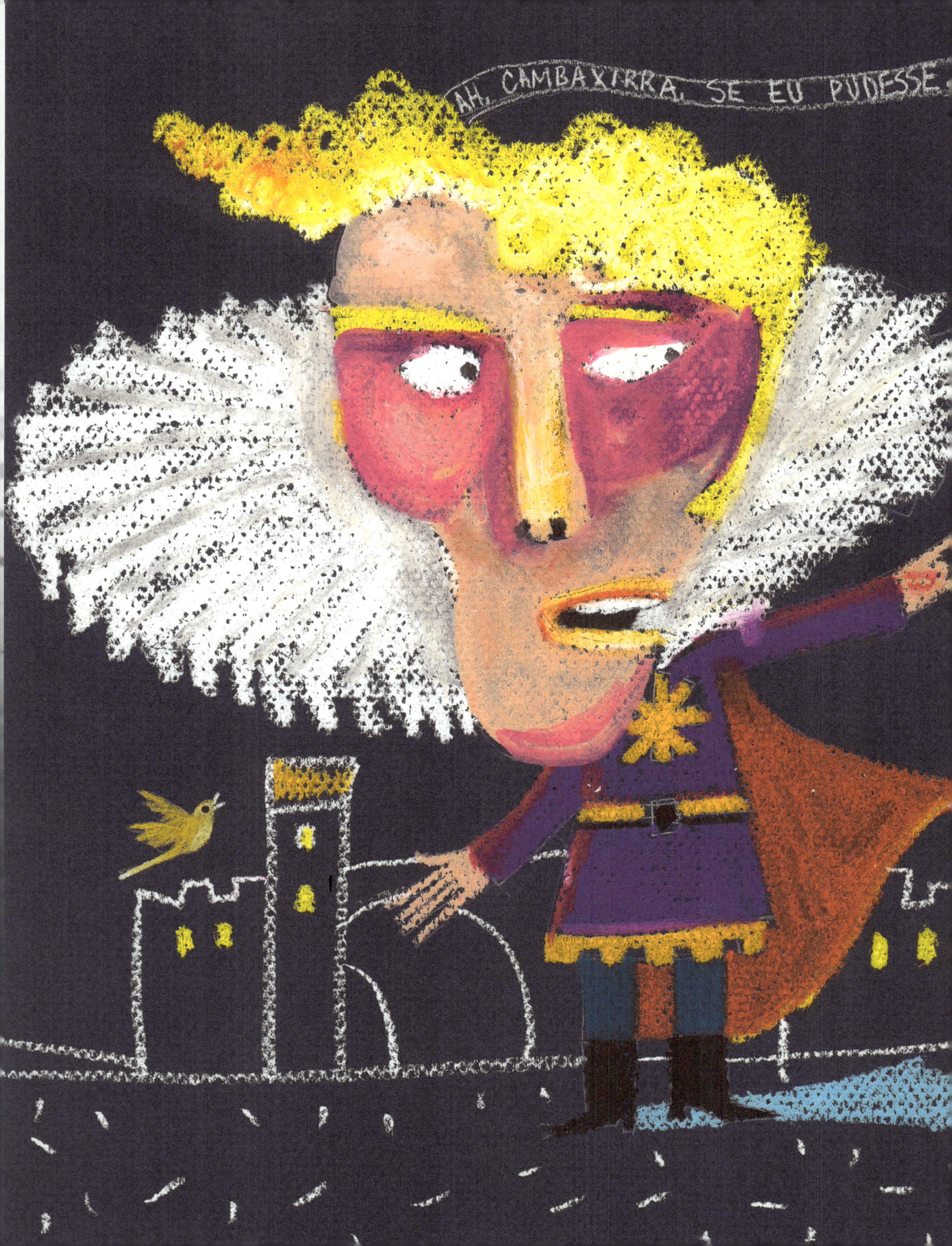
AH, CAMBAXIRRA, SE EU PUDESSE

Então a cambaxirra voou até o castelo do marquês e pediu:

– Marquês, por favor, não dê ordem ao conde
para dar ordem ao visconde
para dar ordem ao barão
para dar ordem ao capataz
para dar ordem ao lenhador
para derrubar a árvore de galho mais bonito
onde estou fazendo meu ninho.

E o marquês respondeu:

– Ah, cambaxirra, se eu pudesse...
Mas não é comigo. Estou só cumprindo ordens.

– De quem?

– Do duque, que é dono de mais terras e mesmo assim quer muita lenha. E morro de medo dele.

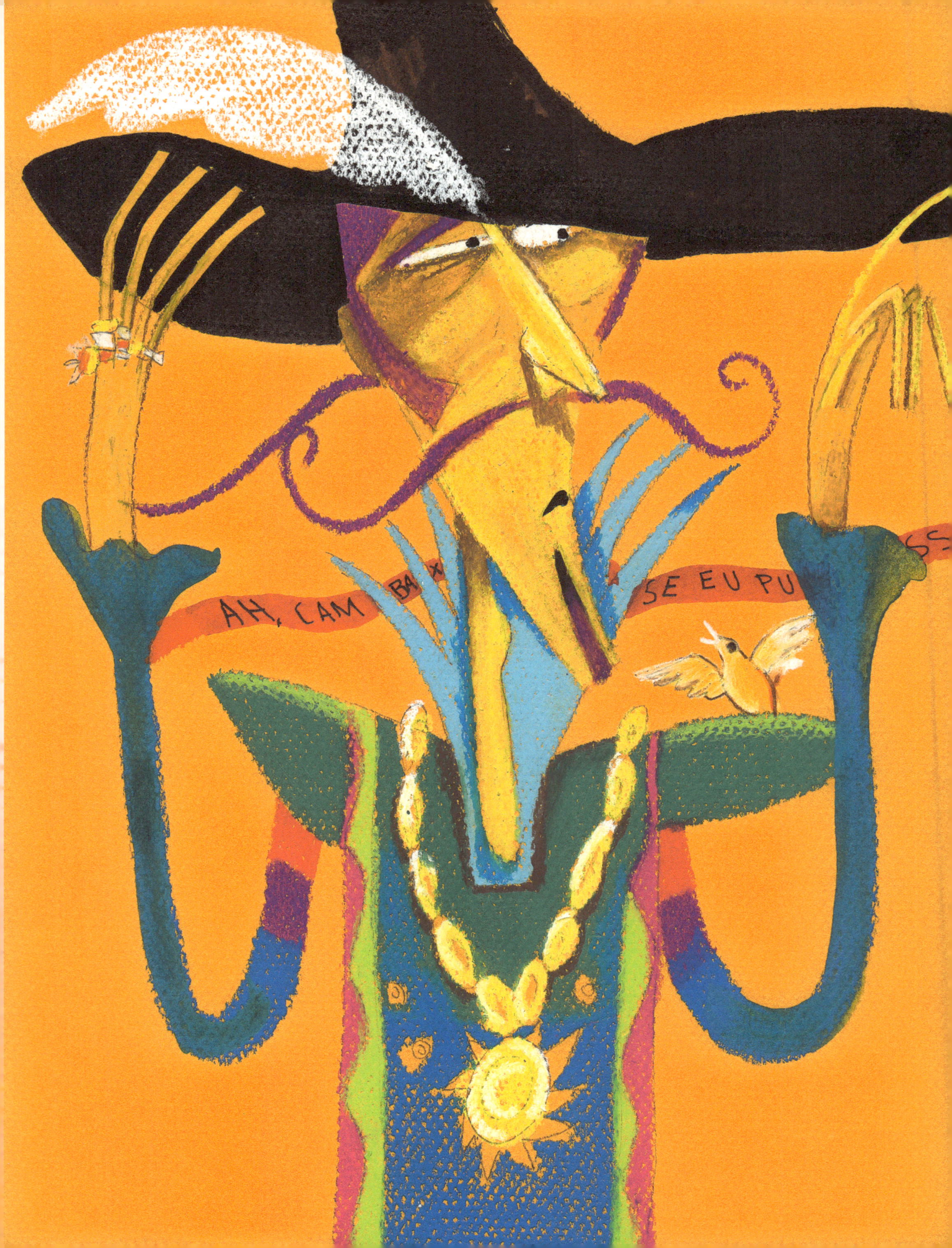
AH, CAM BA
SE EU PU

Então a cambaxirra voou até o palácio do duque e pediu:

– Duque, por favor, não dê ordens ao marquês
para dar ordem ao conde
para dar ordem ao visconde
para dar ordem ao barão
para dar ordem ao capataz
para dar ordem ao lenhador
para derrubar a árvore de galho mais bonito
onde estou fazendo meu ninho.

E o duque respondeu:

– Ah, cambaxirra, se eu pudesse...
Mas não é comigo. Estou só cumprindo ordens.

– De quem?

– Do imperador, que é dono de mais terras e mesmo assim quer muita lenha. E morro de medo dele.

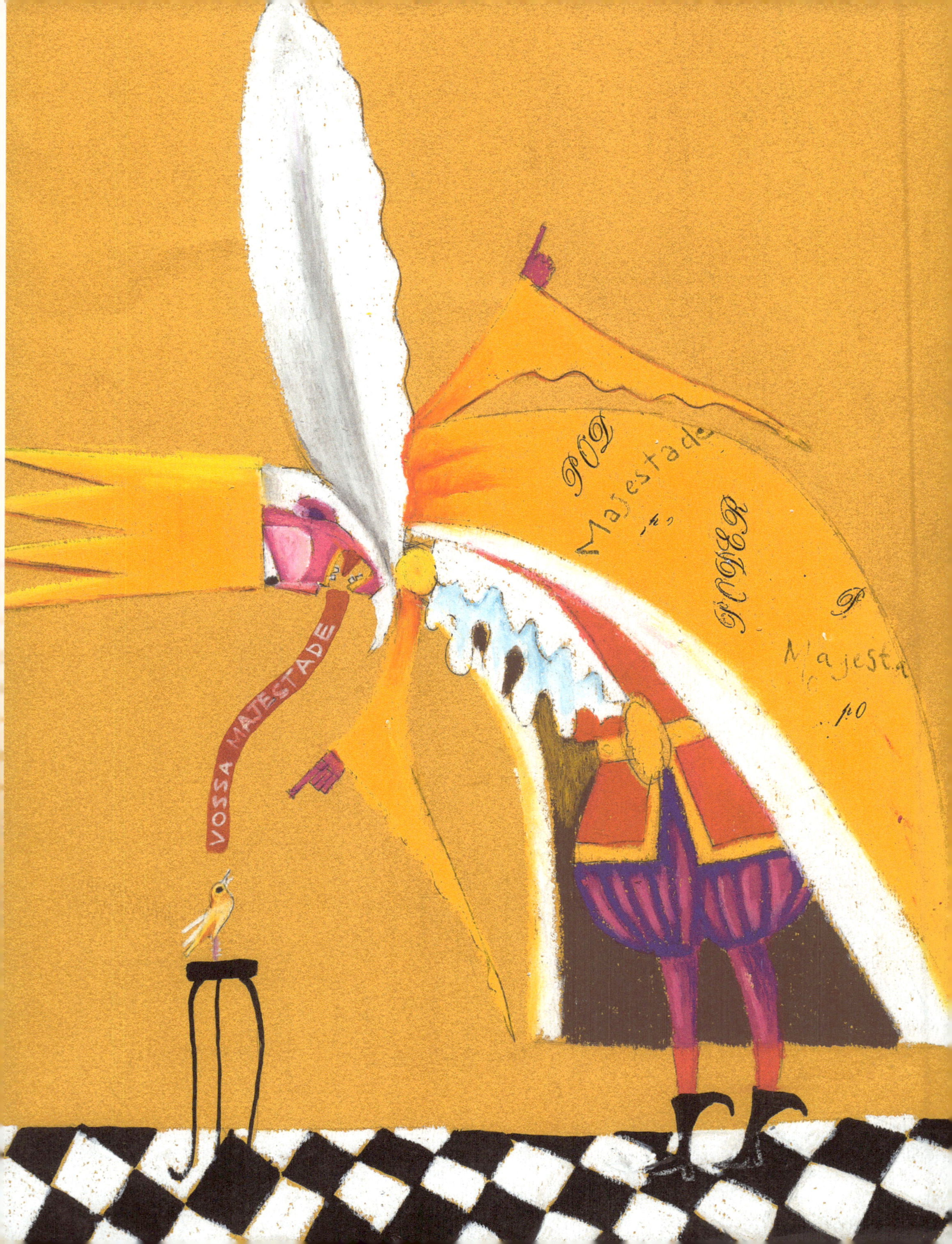
VOSSA MAJESTADE
Majestade

Então a cambaxirra voou até o palácio do imperador e pediu:

– Imperador, por favor, não dê ordem ao duque
para dar ordem ao marquês
para dar ordem ao conde
para dar ordem ao visconde
para dar ordem ao barão
para dar ordem ao capataz
para dar ordem ao lenhador
para derrubar a árvore de galho mais bonito
onde estou fazendo meu ninho.

E o imperador respondeu:

– Em primeiro lugar, você devia me chamar de Vossa Majestade. Em segundo, não tinha nada que ir entrando assim pela janela e falando, devia marcar audiência. Em terceiro, eu faço o que bem entendo e não tenho nada que dar satisfação a ninguém. E vou dar uma ordem: saia daqui imediatamente.

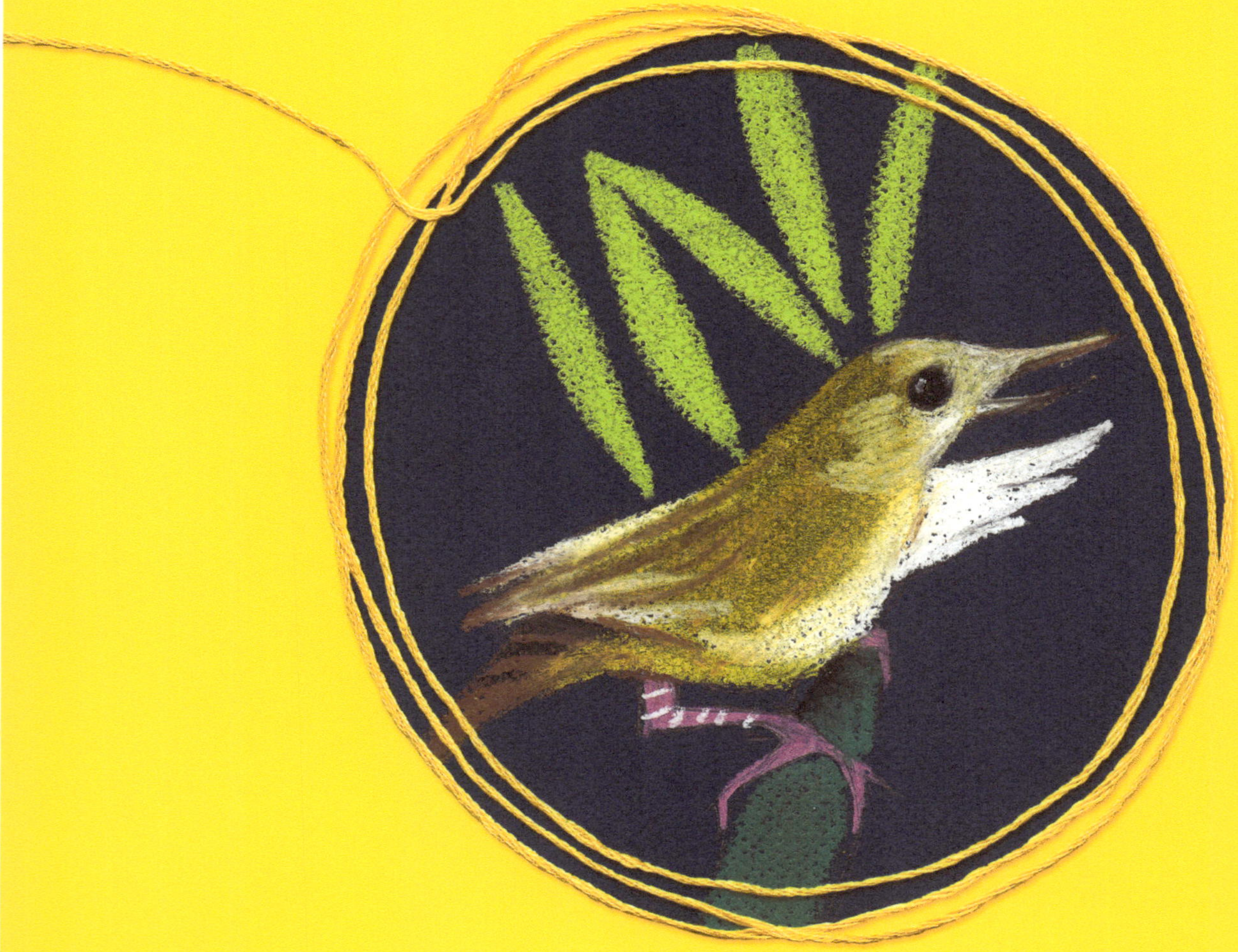

Mas a cambaxirra continuou:

– De quem é que o senhor tem medo?

– Vossa Majestade, não se esqueça! Eu não tenho medo de ninguém. E como você não cumpriu minha ordem, vou mandar prendê-la numa gaiola para sempre.

Mas a cambaxirra estava furiosa:

– Prende nada. Primeiro vão ter que me pegar. E isso não vão conseguir. Mesmo porque eu vou sair por aí e pedir ajuda a todo mundo.

– A todo mundo?

E a cambaxirra, muito esperta, ameaçou:

– É... a todo mundo junto.

– Ah, cambaxirra, não faz isso não. De todo mundo junto eu tenho medo.

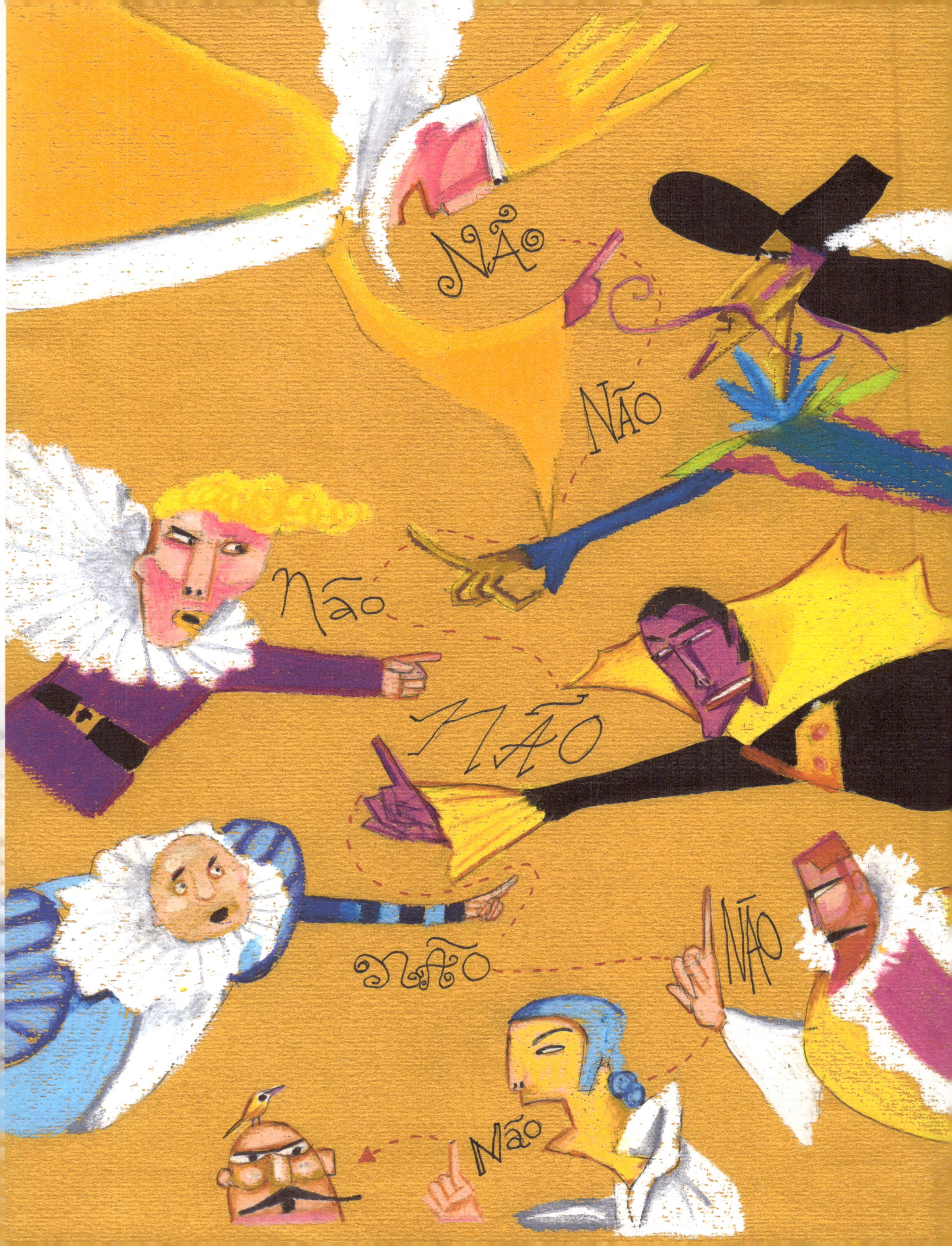
NÃO
NÃO
Não
NÃO
NÃO
NÃO
Não

– Então salva minha árvore.

E o Imperador deu ordem ao duque para
dar ordem ao marquês para
dar ordem ao conde para
dar ordem ao visconde para
dar ordem ao barão para
dar ordem ao capataz para
dar ordem ao lenhador para
não derrubar a árvore de galho mais bonito
onde a cambaxirra foi fazer o ninho dela.

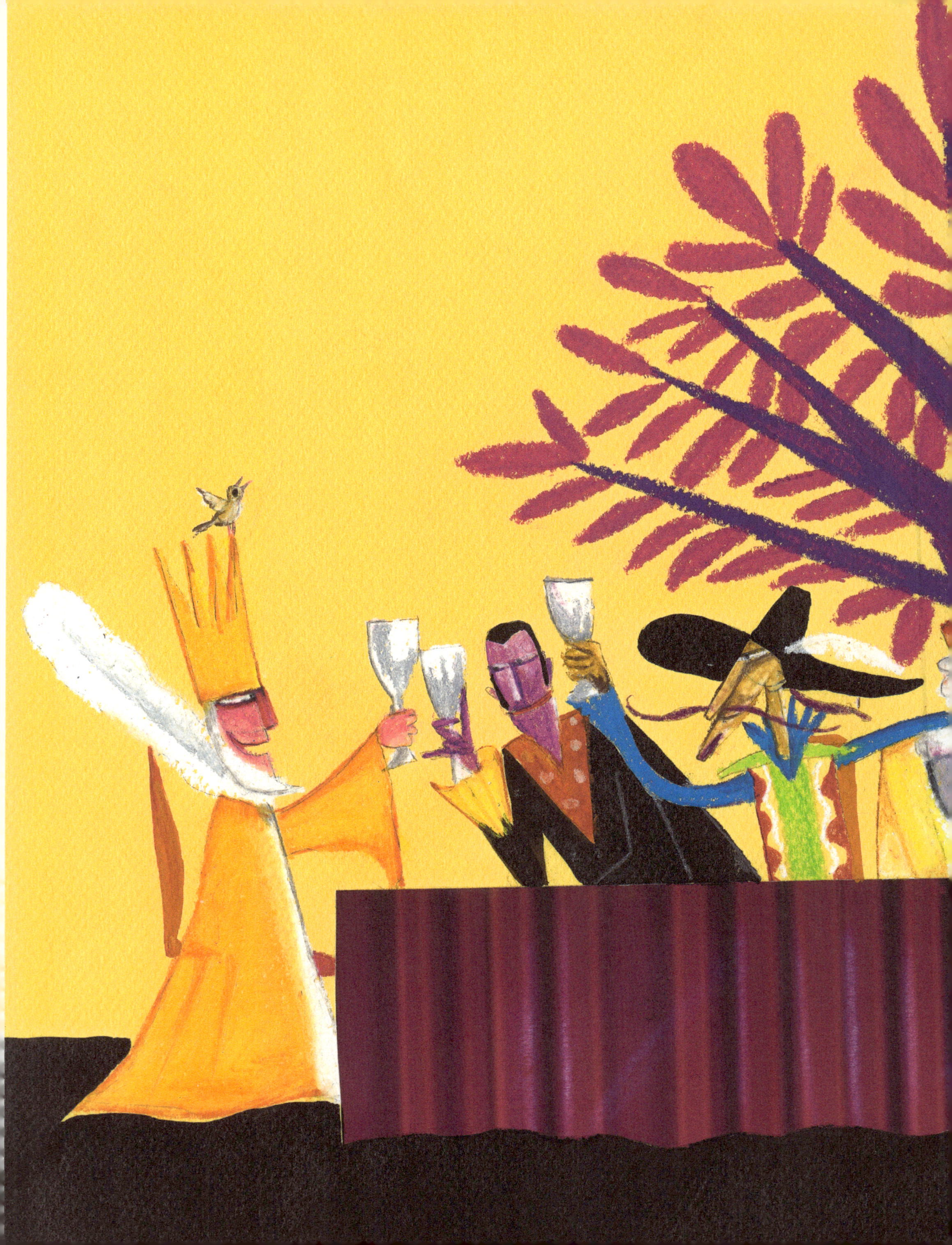

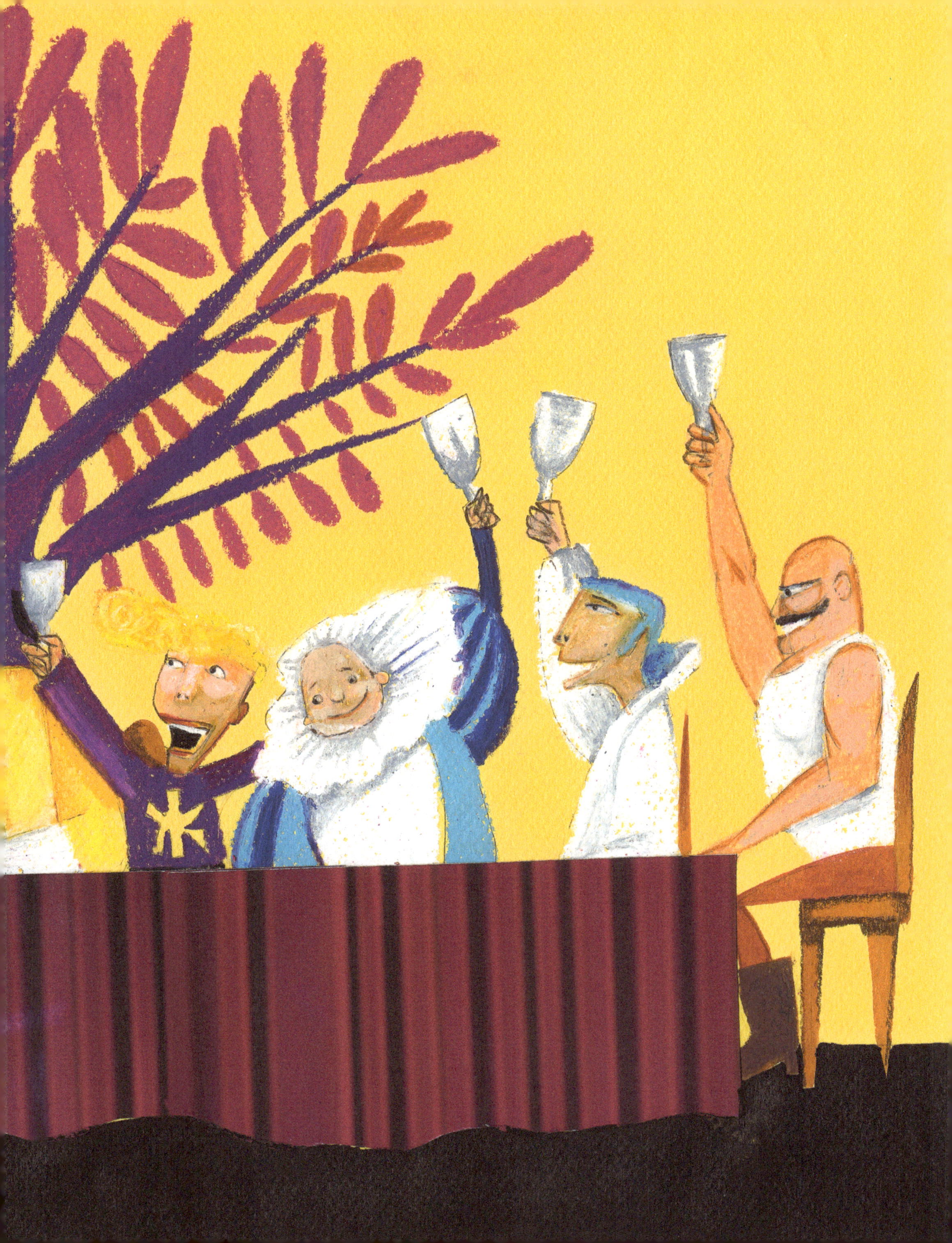

Quem é

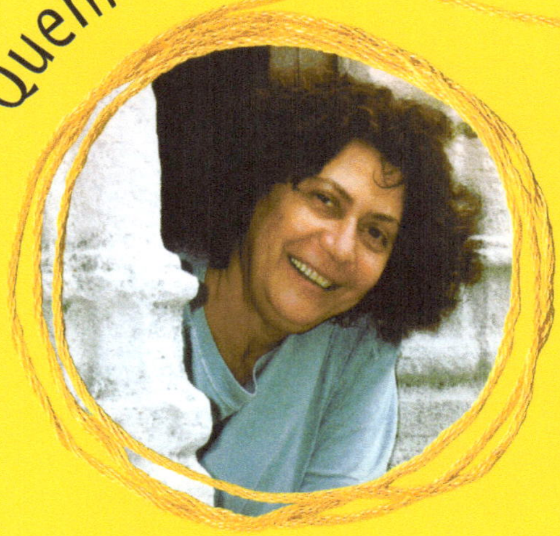

Ana Maria Machado

Meu nome é Ana Maria Machado e eu vivo inventando histórias. Algumas delas, eu escrevo. E dessas que eu escrevo, algumas andam virando livros. Em sua maioria, livros infantis, quer dizer, livro que criança também pode ler. Adoro meu trabalho. Ainda bem, porque acho que não ia conseguir viver se não escrevesse. Tanto assim que já fui professora, já fui jornalista (já fui até chefe de uns trinta jornalistas ao mesmo tempo), já fiz programa de rádio e acabei largando tudo para só viver de livro.

Coisas de que gosto: gente, mar, sol, natureza em geral, música, fruta, salada, cavalo, dançar, carinho. Coisas que eu não aguento: qualquer forma de injustiça ou prisão e gente que quer cortar a alegria dos outros. Mas isso nem precisava dizer – é só ler meus livros que todo mundo fica sabendo.

Quem é

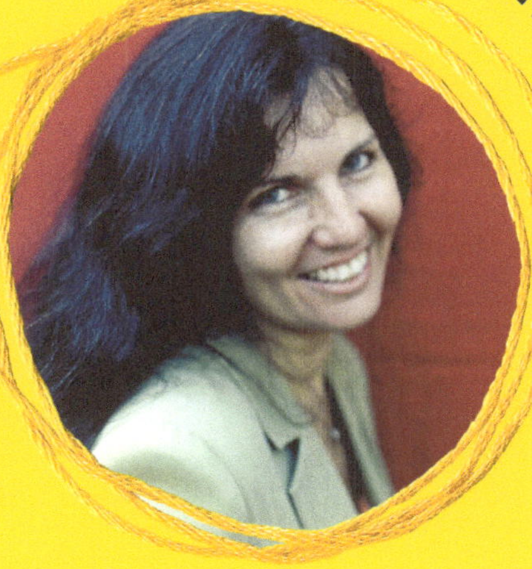

Graça Lima

Desde bem pequena eu gostava de registrar minhas descobertas com desenhos. Nem sempre nos locais mais apropriados e minha mãe ficava brava comigo. Minha paixão por formas e cores foi me acompanhando enquanto eu crescia e então fui estudar na Escola de Belas Artes da UFRJ. Naquela época eu queria ser pintora de murais, mas acabei me interessando pelas artes gráficas e por contar histórias com meus desenhos. Ganhei vários prêmios com meus trabalhos e alguns deles já viajaram por vários países.

Sou fã da Ana desde sempre e quando faço desenhos para os textos dela sinto uma emoção muito grande, como aquela que a gente sente quando ganha um baita presente.

EDITORA FTD S.A.
Matriz: Rua Rui Barbosa, 156 (Bela Vista) São Paulo - SP - CEP 01326-010
Tel. (0xx11) 3598-6000 - Caixa Postal 65149 - CEP da Caixa Postal 01390-970
Internet: www.ftd.com.br - E-mail: projetos@ftd.com.br

Gerente editorial Ceciliany Alves **Editora** Dulcy Grisolia **Editora assistente** Miriam Chinalli **Coordenadora de revisão** Elvira da Rocha Kurata **Preparadores e revisores de texto** Adolfo José Facchini, Jane dos Santos Coelho Taniguchi, Regina Célia Barrozo **Editora de arte** Glair Alonso Arruda **Projeto gráfico (capa e miolo)** Glair Alonso Arruda **Ilustradora** Graça Lima **Diagramadores** Edgar Sgai, Sheila Moraes Ribeiro, Oséias Dias Sanches **Assistente de produção** Lilia Pires **Digitadora** Maria Lamano **Editoração eletrônica** *Finalização* Eziquiel Racheti, Isabel Cristina Corandin Marques e Vânia Aparecida Maia de Oliveira *Coordenação* Carlos Rizzi e Reginaldo Soares Damasceno

Dados Internacionais de Catalogação na Publicação (CIP)
(Câmara Brasileira do Livro, SP, Brasil)

Machado, Ana Maria
Ah, cambaxirra, se eu pudesse... / Ana Maria Machado ; ilustradora Graça Lima. — São Paulo : FTD, 2003. (Coleção conta de novo)

1. Literatura infantojuvenil I. Lima, Graça. II. Título. III. Série.

03-1814 CDD-028.5

Índices para catálogo sistemático:
1. Literatura infantil 028.5
2. Literatura infantojuvenil 028.5

www.ingramcontent.com/pod-product-compliance
Ingram Content Group UK Ltd.
Pitfield, Milton Keynes, MK11 3LW, UK
UKHW062120300826
14795UKWH00002B/53
* 9 7 8 8 5 3 2 2 5 0 6 8 1 *